Todos los libros de Linkgua Ediciones cuentan con modelos de Inteligencia Artificial entrenados por hispanistas. Pregúntale al chat de tu libro lo que desees acerca de la obra o su autor/a.

Para **ebooks**: Accede a nuestro modelo de IA a través de este enlace.

Para **libros impresos**: Escanea el código QR de la portada con tu dispositivo móvil.

Obtén análisis detallados de nuestros libros, resúmenes, respuestas a tus preguntas y accede a nuestras ediciones críticas generativas para una experiencia de lectura más enriquecedora.

La transparencia y el respeto hacia la autoría de las fuentes utilizadas son distintivos básicos de nuestro proyecto. Por ello, las respuestas ofrecen, mediante un sistema de citas, las fuentes con las que han sido elaboradas.

Marqués de Santillana

Prohemio a proverbios

Barcelona 2024
Linkgua-ediciones.com

Créditos

Título original: Prohemio a proverbios.

© 2024, Red ediciones S.L.

e-mail: info@Linkgua-ediciones.com

Diseño de cubierta: Michel Mallard.

ISBN rústica: 978-84-9816-358-2.
ISBN ebook: 978-84-9953-415-2.

Sumario

Brevísima presentación

La vida

Marqués de Santillana (Carrión de los Condes, Palencia, 1398-Guadalajara, 1458). España. Hijo de Diego Hurtado de Mendoza, almirante de Castilla. Su nombre original era Iñigo López de Mendoza. Perteneció a una de las más ilustres familias castellanas. Intervino en política; actuó en la corte del rey Juan II, del que en algunos momentos fue aliado y en otros enemigo; y participó en la conspiración que acabó con la caída y ejecución de don Álvaro de Luna. También en acciones contra los árabes y la nobleza levantisca (en Olmedo, 1445), por lo que obtuvo los títulos de marqués de Santillana y conde del Real de Manzanares. Dominaba el italiano, el francés, el gallego y el catalán. En su castillo de Guadalajara tuvo su célebre biblioteca, hizo copiar numerosos manuscritos y financió la traducción de muchas obras. Se rodeó de algunas de las personas más cultas de su tiempo. Santillana escribió en prosa y verso. Su obra poética estuvo influida por la tradición lírica medieval y las nuevas ideas poéticas italianas.

Proverbios de gloriosa dotrina e fructuosa enseñança

Comiença el prólogo

I

Serenissimo e bien aventurado Principe: Dice el maestro d'aquellos que saben, en el su libro primero e capitulo de las Ethicas: toda arte, dotrina e deliberacion es a fin de alguna cosa. El qual texto pensse traher a la vuestra noble memoria, por mostrar e notificar a la Vuestra Alteça las pressentes moralidades e versos de dotrina, dirigidos o diferidos a aquella; e que non sin cabsa hayan seydo, como algunas veçes por el muy ilustre, poderoso, manifico e muy virtuoso señor rey, don Johan segundo, padre vuestro, me fuese mandado los acabasse e de parte suya a la Vuestra Exçellencia los presentasse. E aun esto non es negado por ellos, como todavía su dotrina o castigos sea asy como fablando padre con fijo. E de averlo asy fecho Salomon, manifiesto paresçe en el su libro de los Proverbios; la entençion del qual me plogo seguir e quise que asy fuesse, por quanto si los consejos o amonestamientos se deven comunicar a los proximos, mas e mas a los fijos, e asy mesmo por quel fijo antes deve resçebir el consejo del padre que de ningund otro.

II

E por quanto esta pequeñuela obra me cuydo contenga en si algunos provechosos metros acompañados de buenos

9

enxemplos, de los quales yo non dubdo que la Vuestra Exçellençia e alto engenio non caresca; pero dubdando que por ventura algunos dellos vos fuessen ynnotos, como sean escriptos en muchos diversos libros, e la terneça de la vuestra edat non aya dado tanto lugar al estudio d'aquellos, pensse de façer algunas breves glosas o comentos, señalandovos los dichos libros e aun capitulos. Por que asy como dixo Leonardo de Areçio en una Epistola suya al muy manifico ya dicho señor rey, en la qual le recuenta los muy altos e grandes fechos de los emperadores de Roma, naturales de la vuestra España, diçiendole gelos traia a memoria porque si a la Su Alteça eran conoscidos, lo queria complaçer, e si ynnotos, d'aquellos e por enxemplo dellos, a alteça de virtud e a desseo de muy grandes cosas, lo amonestassen.

III

Por ventura, illustre e bienaventurado Prinçipe, algunos podrian ser ante la Vuestra Excellençia destos dichos versos, que pudiessen deçir o dixieren que solamente basta al prinçipe o al cavallero entender en governar o regir bien sus tierras, e quando al caso verna defenderlas; o por gloria suya conquerir o ganar otras; e ser las tales cosas superfluas e vanas. A los quales Salomon ha respondido en el libro antedicho de los Proverbios, donde diçe: la sçiencia e la dotrina los locos la menospreciaron. Pero a mas abondamiento digo que ¿como puede regir a otro aquel que a si mesmo non rige?... ¿Nin como se rigira, nin se governara aquel que non sabe nin ha visto las governaciones e regimientos de los bien regidos e governados?... Ca para qualquier pratica, mucho es nesçesaria la theorica, e para la theorica la pratica. E por çierto, de los tiempos aun non cuydo yo que sea el peor despendido aquel en que se buscan e inquieren las vidas e muertes de los virtuosos varones; asy como, de los gen tiles, los Catones e los Çipiones, e de los christianos, los godos e los doçe pares; de los hebreos, los Machabeos. E aun, sy a Vuestra Exçellençia plaçe que tanto non nos alonguemos de las vuestras regiones e tierras, ayamos memoria del Çid Ruy Diaz e del conde Ferrand Gonçalez; e de la vuestra clara progenie, el rey Alfonso el Magno e el rey don Ferrando, el qual gano toda la mayor parte de la vuestra Andaluçia. Nin cale que olvidemos al rey de gloriosa memoria don Enrique, vuestro terçero abuelo, como las imagines d'aquellos o de los tales, asy como diçe Seneca en una Epistola suya a Lucilio, siempre deven ser ante vuestros ojos. Ca çiertamente, bienaventurado Prinçipe, asy como yo escrevia este otro día a un amigo mío: la sçiençia non embota el fierro de la lança, nin façe floxa el espada en la mano del cavallero. Nin sy queremos passar por la segunda decada de Tito Livio, fallaremos que Anibal dexasse la passada de los Alpes que son entre las Gallias e Savoya, nin la del Ruedano que es el Ros, nin despues las çercas de Cappoa e de Taranto e de Nola, nin el sitio de los Palulares de Roma (a donde se falla aver perdido el un ojo), por fuyr e apartarse de los trabajos corporales, tampoco de las lluvias, nieves e vientos: como Caton de follar las trabajosas sirtes de Libia, que se llama Ethiopia o mar arenoso, por los grandes calores, encendidos e desmoderados fuegos, nin por el temor de los ponçoñosos aspides, nombrados sierpes pariaseas, cerastas, nin todos los otros linages de ponçoñosas serpientes; lo qual todo contrastava e resistia la su espada invicta. Nin las roncas e soberbiosas ondas del mar ayrado, nin las prenosticaçiones vistas, asy de la garça volar en alto, como de la corneja passearse presurosamente por el arena, nin despues de las señales que eran vistas en la Luna, las quales todas eran amonestaçiones del pobreçillo barquero, impidieron la passada del Çesar e Antonio: nin al mesmo Çesar empacharon el passo las fuertes avenidas del río Rubicon, nin fiço impedimento a Hipomedon la fondura del río Esopo contra Thebas. Mas antes creeria, bienaventu rado Prínçipe, que las tales cosas provoquen a todo ome a toda virtut, esfuerço e fortaleça e a judgar quel dolor non sea el soberano mal, nin el deleyte el mayor bien, asy como Tullio lo diçe en el prologo de su postrimero libro del tractado De Offiçios. Mas todas estas cosas creeria e determino ser asy como un estimulo o espuelas atrayentes e provocantes a los omes a toda virtut.

IV

Bienaventurado Prínçipe, podria ser que algunos, los quales por aventura se fallan mas prestos a las reprehensiones e a redarguir e emendar que a façer nin ordenar, dixiessen yo aver tomado todo, o la mayor parte destos Proverbios de las dotrinas e amonestamientos de otros, asy como de Platon, de Aristotiles, de Socrates, de Virgilio, de Ovidio, de Terençio e de otros philosophos e poetas. Lo qual yo no contradiria, antes me plaçe que asy se crea e sea entendido. Pero estos que dicho he, de otros lo tomaron, e los otros de otros, e los otros d'aquellos que por luenga vida e sotil inquisiçion alcançaron las experiençias e cabsas de las cosas. E asy mesmo podrian deçir aver en esta obra algunos consonantes e pies repetidos, asy como si pasassen por falta de poco conosçimiento o inadvertençia: los quales creeria non aver leydo las regulas del trovar, escriptas e ordenadas por Remon Vidal de Besaduc, ome assaz entendido en las artes liberales e grand trovador; nin la continuaçion del trovar fecha por Jufre de Joxa, monge negro, nin del mallorquin, llamado Berenguel de Noya; nin creo que ayan visto las leyes del Conssistorio de la gaya doctrina que por luengos tiempos se tovo en el collegio de Tolosa, por abtoridad e permission del rey de França. Lo qual todo non constriñe nin apremia a ningund dictador o componedor que en rimico estilo depues de veynte coplas, dexe repetiçion de consonantes alli o en los lugares donde bien le veniere, e el caso o la raçon lo nescessitare, como ya lo tal pueda ser mas bien dicho libro o tractado que deçir nin cançion, balada, rondel, nin virolay, guardando el cuento de las sillabas e las ultimas e penultimas e en algunos logares las antepenultimas, los yerros de los dipthongos e las vocales en aquellos logares donde se pertenesçen.

V

Pues, bienaventurado Prinçipe, tornando al nuestro propossito, Çipion Africano, el qual ovo este nombre por quanto conquisto toda o la mayor parte de Africa, solia decir, asy como Tullio lo testifica en el dicho libro De Offiçios, que nunca era menos oçioso que cuando estava oçioso, nin menos solo que quando estava solo: la qual raçon demuestra que en el oçio penssava en los negoçios, e en la soledat se informava de las cosas passadas; asy de las malas, para las aborrescer e fuyr dellas, como de las buenas, para se aplicar a ellas e las façer a si familiares. Del Çesar se falla que todas las cosas que en el día passava que de notar fuessen, las escrevia en la noche metrificadas e en tan alto e elevado estillo que, despues de su vida, apenas los muy entendidos las entendian. Pues David e Salomon, reyes de Israel, quanta fue la su excellencia e sabiduria, bien es notorio e non poco manifiesto. E asy, deviniendo a los reyes pressentes, ¿cuál seria tan alta sentençia de Claudiano, de Quintiliano, de Tullio, de Seneca, que esconderse podiesse a los serenisimos prinçipes e de inmortal e muy gloriosa fama el señor rey, padre vuestro, la señora reyna, vuestra madre, el señor rey de Aragon, vuestro tio?... En los quales mirando e acatando asy como en claro espejo e diafano veride, en los convenientes tiempos la Vuestra Excellencia deve entender e darse a oyr e leer las buenas dotrinas, los provechosos enxemplos e utiles narraçiones. E en conclusion, bienaven turado Prinçipe, con quanta devoçion yo puedo, suplico a Vuestra Exçellençia que las corrupçiones o defetos de la pressente infima e pequeñuela obra, la qual asy como mandado d'aquel que mandarme puede, es a saber, el señor rey progenitor vuestro, e como subdito, siervo e fiel vasallo suyo, de parte daquel vos pressento, quiera tollerar; e si algo yo fallesco, de lo qual non dubdo, lo quiera soplir o comportar. Cuya manifica persona e real Estado en uno con los bienaventurados prinçipes e señores, el señor Rey, padre vuestro, e la señora Reyna, vuestra madre, la Sancta Trenidad por luengos tiempos, prosperos e bienaventurados dexe vivir e prinçipar, e despues de la luenga e gloriosa vida suya, reynar e imperar, asy como el amor paternal d'aquellos lo dessea e la Vuestra Manifigengia lo meresçe. Amen.

Carta a doña violante de prades o prohemio a la Comedieta de Ponza (1444)

A la muy noble señora Doña Violante de Prades, Condesa de Modica e de Cabrera, Yñigo Lopez de Mendoça, señor de la Vega.

I

Avida ynformaçion, notiçia e conosçimiento de la vuestra mucha vyrtud, non poco presto a vuestro mandamiento. Ca, commo dize Agustino, muchas vezes amamos lo que non veemos; mas lo que non conosçemos, non lo podemos amar asy bien. E tanto commo yo puedo me rrecomiendo a la vuestra nobleza. Muy noble Señora, Palomar, seruidor de la casa del Conde e Vuestra, me ha dicho que algunas obras mías vos han plazido; e tanto me çertifico que vos plazen que ayna me fares creer que son buenas, ca la vuestra muy grande discreçion non es de creer que se pague de cosa non buena.

II

Muy noble Señora, quando aquella batalla naval acaesçio cerca de Gayeta la qual fue asy grande que despues qu'el rrey Xerçes fizo la puente de naues en el mar Oçeano, por ven tura tantas e tan grandes fustas non se juntaron sobre el agua, yo començe vna obra a la qual llamé Comedieta de Ponça. E titulela d'este nonbre por quanto los poetas fallaron tres maneras de nonbres a aquellas cosas de que fablaron, es a saber: tragedia, satira e comedia. Tragedia es aquella que contiene en sy caydas de grandes rreys e principes asy commo de Ercoles, Priamo e

Agamenon e otros tales, cuyos nasçimientos e vidas ale-
gremente se començaron e grande tienpo se continuaron e
despues tristemente cayeron. E de fablar d'estos vso Seneca
el mançebo, sobrino del otro Seneca en las sus tragedias, e
Iohan Bocaçio en el libro De casibus virorum yllustrium.

Satira es aquella manera de fablar que touo vn poeta que
se llamo Satiro, el qual rreprehendio muy mucho los viçios e
loo las vyrtudes; e d'esta despues d'el vso Oraçio, e aun por
esto dixo Dante:

> ...el altro e Oracio satiro qui vene etc.

Comedia es dicha aquella cuyos comienços son trabajosos
e tristes, e despues el medio e fin de sus días alegre, gozoso e
bien aventurado; e d'esta vso Terençio Peno, e Dante en el su
libro donde primeramente dize aver visto las dolores e penas
ynfernales, e despues el purgatorio, e alegre e bien aventura-
damente despues el pa rayso.

III

La qual Comedieta, muy noble Señora, yo continue fasta
que la traxe en fin. E certifico vos, a fe de cauallero, que
fasta oy jamas ha salido de mis manos, non enbargante
que por los mayores señores, e despues por otros muchos,
grandes omes, mis amigos d'este reyno, me sea estada de-
mandada.

Enbiovosla, Señora, con Palomar, e asy mesmo los çiento
Proueruios mios e algunos otros Sonetos que agora nueua-
mente he començado a [fazer] al italico modo. E esta arte
fallo primero en Ytalia Guido Cavalgante, e despues vsa-

ron d'ella [Checo d'Ascholi] e Dante, e mucho mas que todos Françisco Petrarca, poeta laureado. E sy algunas otras cosas, muy noble Señora, vos plazen que yo por honor vuestro e de la casa vuestra faga, con ynfallible fiuza vos pido por merçed asy commo a menor hermano, me escriuades.

Cuya muy magnifica persona e grande estado nuestro Señor aya todos días en su santa protecçion e guarda.

DE GUADALAJARA, a quatro de mayo, año de quarenta e tres

Prohemio a Bias contra Fortuna
(después de 1448)

Prohemio del marqués al conde de Alva

I

Quando yo demando a los Ferreras, tus criados e mios,
e aun a muchos otros, Señor e mas que hermano mío, de
tu salut de qual agora es la tu vida, e ques lo que façes e
diçes; e me responden e çertifican con quanto esfuerço, con
quanta paciencia, con quanto despreçio e buena cara tu pa-
desçes, consientes e sufres tu detençion, e todas las otras
congoxas, molestias e vexaçiones que el mundo ha traydo;
e con quanta liberalidat e franqueça partes e destribuyes
aquellas cosas, que a tus sueltas manos vienen; reffiriendo
a Dios muchas graçias, me recuerda d'aquello que Home-
ro escribe en la Ulixea; conviene a saber, que como por
naufragio o fortuna de mar, Ulixes, rey de los çefalenos,
desbaratado viniesse en las riberas del mar, e desnudo e
maltractado, fuesse traydo ante la reyna d'aquella tierra,
e de los grandes del reyno, que con ella estavan en un fes-
tival e grand convite; e como aquella le viesse e acatasse,
despues todos los otros con grande reverençia tanto le esti-
maron, que dexada la cena todos estavan contemplando en
el. Asy que, apenas era alli alguno que mas deseasse cosa
que pudiesse alcançar de los dioses que ser Ulixes en aquel
estado. Adonde a grandes voces, e muchas veces, este sobe-
rano poeta clama, diciendo: ¡O omes! avet en grand cura la
virtut, la qual con el naufragio nada, e al que esta desnudo
e desechado en los marinos litos ha mostrado con tanta
auctoridad e asy venerable a las gentes. La virtut, asy como
el Philosopho diçe, siempre cayo de pies, como el abrojo.
E çiertamente, Señor e mas que hermano mío, a los amigos

tuyos e a mi, asy como a uno d'aquellos, es o deve ser de
los tus trabajos el dolor, la mengua e la falta, asy como Li-
vio deçia de Çipion: ca la virtut siempre sera, agora libre o
detenido, rico o pobre, armado o sin armas, vivo o muerto,
con una loable e maravillosa eternidat de fama.

II

Con estos Ferraras me escreviste que algunos de mis tracta-
dos te enviasse por consolaçion tuya; e desde alli con aque-
lla atençion que furtar se puede de los mayores negoçios,
e despues de los familiares, pensse investigar alguna nueva
manera, asy como remedios, o meditaçion contra Fortuna,
tal que si ser podiesse, en esta vexaçion a la tu nobleça
gratificasse, como non sin assaz justas e aparentes cabsas a
lo tal e a mayores cosas yo sea tenido. Ca prinçipalmente
ovimos unos mesmos abuelos, e las nuestras casas siempre,
sin interrupçion alguna, se miraron con leales ojos, since-
ro e amoroso acatamiento; e lo mas del tiempo de nuestra
criança quassi una e en uno fue. Asy que, juntamente con
las nuestras personas cresçio e se augmento nuestra ver-
dadera amistat; siempre me ploguieron e fueron gratas las
cosas que a ti: de lo qual me tove e tengo por contento, por
quanto aquellos a quien las obras de los virtuosos plagen,
asy como librea o alguna señal trahen de virtut. Una con-
tinuamente fue nuestra mesa: un mesmo uso en todas las
cosas de paz e de guerra. Ninguna de las nuestras camaras
e despensas se pudo deçir menguada, si la otra abastada
fuesse. Nunca yo te demande cosa que tu non cumpliesses,
nin me la denegasses. Lo qual me façe creer que las mis
demandas fuessen retas e honestas e conformes a la raçon,
como sea que a los buenos e dottos varones jamas les plega

ni devan otorgar sinon buenas e liçitas cosas. E sea agora por informaçiones d'aquellos que mas han visto, e paresçe que verdaderamente ayan querido fablar de las costumbres e calidades de todos los señores e mayores omes deste nuestro reyno, o d'aquellos que de treynta años, o poco mas, que yo commençe la navegarion en este vexado e trabajoso golpho, he avido notiçia e conosçimiento, e de algunos compañia o familiaridad, loando a todos, tu eres el que a mi mucho ploguiste e plaçes. Ca la tu virtud non espero a la mediana mancebia, nin a los postrimeros días de la vejez; ca en edat nueva e aun puedo decir moço, començo el resplandor de la tu virilidat e nobleça. Nin es quien pueda negar que fechas las treguas con los reynos de Aragon e de Navarra, e levantadas las huestes del Garay e del Majano, çessadas las guerras, en las quales viril e muy virtuosamente te oviste, e por ti obtenidas las inexpugnables fuerças de Xalante, e Toreça, Sahara, e Xarafuel en el reyno de Valencia, aver tu seydo de los primeros que contra Granada la frontera emprendiesse, çiertamente estando ella en otro punto e mayor prosperidat que la tu dexaste, al tiempo que triunphal e gloriosamente por mandado de nuestro Rey de las fronteras de Cordova e de Jahen te partiste; aviendo vençido la batalla de Guadix e la pelea de Xerez e ganado tantas e mas villas e castillos, asy guerreandolas como combatiendolas e entrandolas forçosamente, que ninguno otro. E como quiera que el principal remedio e libertat a la tu detencion e ynfortunios depende d'aquel que universalmente a los vexados reposa, a los aflittos remedia, e a los tristes alegra, espero yo que en algunos tiempos traera a memoria a los muy excellentes e claros nuestro Rey e Principe (como en la mano suya los coraçones de los reyes sean) todas las cosas que ya de los tus fechos yo he dicho, e muchos otros serviçios a la real casa de Castilla por los tuyos e por ti fechos, que por me allegar a la rivera e puerto de mi obra, dexo.

III

Recuerdome aver leydo en aquel libro, donde la vida del rey Assuero s'escrive, que «De Esther» se llama (como en aquel tiempo la costumbre de los reyes fuesse, en los retraymientos e reposos suyos, mandar leer las gestas e actos que los naturales de sus reynos e forasteros oviessen fecho en serviço de los reyes, de la patria, o del bien publico), que Mardocheo prosperamente e con glorioso triunpho de la muerte fue librado. Pues lee nuestro Rey e mira los serviçios, regraçialos e satisfacelos; e si se aluenga, non se tira. Nin tanto logar avra el nuçible apetito, nin la çiega saña, que tales e tan grandes aldabadas e voçes de serviçios las sus orejas non despierten: ca non son los nuestros señores Diomedes de Traçia, que de humana carne façia manjar a los sus cavallos; non Busseris de Egipto, matador de los huespedes; non Perillo Siracusano, que nuevos modos de penas buscava a los tristes culpados omes; non Dionisio desta misma Siracusa; non Attila, flagellum Dei, nin muchos otros tales; mas benivolos, clementes e humanos, lo qual todo façe a mi fyrmemente esperar la tu libertat. La qual con salut tuya, e de tu noble muger, e de tus fijos dinos de ti, Nuestro Señor aderesçe, asy como yo desseo. E dende aqui daremos la pluma a lo proferido; e porque ante de todas las cosas sepas quien fue Bias, porque este es la prinçipalidat de mi thema, segunt adelante mas claro paresçera, delibere d'escrevir quien aya seydo e de donde, e algunos de sus nobles e loables actos e commendables sentençias, porque me paresçe façe mucho a nuestro fecho e caso.

IV

Fue Bias, segunt que plaçe a Valerio e a Laerçio, que mas lata e extensamente escrivio de las vidas e costumbres de los philosophos, assiano de la cibdat de Ypremen; de noble prosapia e linaje, bien ynformado e instruydo en todas las liberales artes, e en la natural e moral philosophia: de vulto fermoso e de persona honorable; grave e de grand abtoridad en sus fechos: de claro e sotil engenio. Asy por mar como por tierra, anduvo toda a mayor parte de mundo: quanto tiempo turasse en este loable exerçiçio, non s'escrive; pero baste que tornando en la provinçia e çibdat de Ypremen, fallo a los veçinos d'aquella en grandes guerras, asy navales como terrestres, con los mengarenses, gentes poderosas, expertos en armas; a quien con grand atencion fue rogado, vista la dispusiçion e habilidat suya, la cura de la guerra, asy como capitan, emprendiesse. E como despues de muchos ruegos e grandes afincamientos la aceptasse, en muy pocos tiempos, asy de los amigos como de los enemigos, fue conosçida la su virtut e viril extremidat. Leemos del, entre otras muchas cosas de la su humanidat, que como cavalleros del exerçito prendiessen en una çibdat o villa grand copia de virgines juntamente con otras mujeres, tanto que a Bias llegaron las nuevas, mando con grand diligencia fuessen ayuntadas e de possitadas en poder de honestas matronas de su çibdat. E façiendoles graçias e dones de muy valerosas joyas, a los padres, maridos e parientes suyos, las restituyo, enviandolas con muy fieles guardas, blasfemando e denostando todo linaje de crueldat; diçiendo que aun los enemigos barbaros non devian con tal impiedat ser dapnificados. E como lo tal a las orejas de los megarenses llegasse, e el fermoso acto extensamente recontado les fuesse, sin dilaçion alguna, loando a aquel, enviaronle sus legados, reffiriendole graçias con muy ricos dones, de mandandole paz con muy humilldes e mansos coraçones. V. Despues, passados algunos tiempos, como de raro la Fortuna en ningunas cosas luengamente repose, e Aliato, prinçipe, sitiasse a los ypremenses, esforçandose de aver la çibdat por fambre, como fuesse çierto de los vevires, e principalmente de pan caresçiesse, Bias con tal cabtela o arte de guerra assayo encubrir su defettuosa nesçessidat; ca fiço en algunos días, durante el campo, engrossar çiertos cavallos e que se mostrassen, contra voluntat de las guardas, salir fuera de la çibdat: e como luego fuessen tomados, puso en gran dubda a Aliato e a los que con el eran, de la fambre de los ypremenses. Asy que, luego se tomo consejo que a Bias e a ellos fuesse movida fabla, por el qual fue açeptada, diçiendo que el non se fiava de fablar fuera de los muros de la su çibdat; mas que Aliato o qualesquiera otros suyos podian entrar seguros a fablar o tractar de qualesquier pactiones e tractos, e de otras cosas, quales les ploguiesse. Aceptado lo qual, segunt este mesmo Laerçio escrive, muy mayor e mas sotil cabtela les fiço, ca mando poner muy grandes montones de arena en las maestras calles e plaças, por donde los mensajeros avian a passar, esparçiendo e cobriendo aquellas de todas maneras de pan. Asy que, verdaderamente creyeron ser la opinion suya errada e los ypremenses en grand copia de mantenimientos abondados. E asy non solamente treguas a tiempo, mas paz perpetua fue entre ellos, con grandes certenidades fecha, jurada e fyrmada. Testifica asy mesmo Valerio que dimitidas e dexadas las armas por este Bias, tanto se dio a esta sciencia que todas otras cosas aborresçio, e las ovo asy como en odio: por tal que, non sin cabsa, uno de los siete sabios fue llamado e uno asy mesmo d'aquellos que, renunçiada la tabla o mesa de oro, la offresçieron con grand liberalidat al oraculo d'Apolo. Deste Bias asy mesmo se cuenta, que como aquella mesma çibdat agora por los megarenses, agora por otros enemigos se tomasse e posiesse a robo, todos aquellos que podieron escapar de las hostiles manos, cargando las cosas suyas de mayor presçio, fuyeron con ellas: e como el solo con grand reposo passease por los exidos de la çibdat, fingese que la Fortuna le vino al encuentro e como le preguntasse como el non seguia la opinion de los otros vecinos de Ypremen, este fue el que respondio: Omnia mea bona mecum porto; que quiere deçir: todos los bienes mios conmigo los llevo. Diçen otros, de los quales Seneca es uno, que este fue Estilbon; pero digan lo que les plaçera, e sea qualquiera, tanto que sea; ca de los nombres vana e sin provecho es la disputa; e en conclusion este sera el nuestro thema.

VI

Escrivio Bias estas cosas, que se siguen: «—Estudiat con placer a los honestos e a los viejos. —La osada manera muchas veces para empesçible lesion. —Ser fuerte e fermoso, obra es de natura. —Abundar en riqueças, obra es de la fortuna.

—Saber e poder fablar cosas convenibles e congruas, esto es proprio del anima e de la sabiduria. —Enfermedat es del animo cobdiçiar las cosas impossibles.

—Non es de repetir el ageno mal. —Mas triste cosa es judgar entre dos amigos, que entre dos enemigos; ca judgando entre dos amigos, el uno sera fecho enemigo, e judgando entre dos enemigos, el uno sera fecho amigo. —Deçia que asy avia de ser meditada la vida de los omes, como si mucho tiempo oviessen de vivir. —Conviene a los omes averse asy en el uso del amistat, como si se membrassen que podía ser convertida en grave enemistat. —Qualquier cosa que pusieres, persevera en la guardar. —Non fables arrebatado, ca demuestra vanidat. —Ama la prudencia, e fabla de los dioses como son. —Non alabes al ome indino, por sus riqueças. — Lo que tomares, resçibelo demandandolo, e non forçandolo. —Qualquier cosa buena que fiçieres, Dios entiende que la façe. —La sabiduria mas cierta cosa es e mas segura que todas las otras posessiones.

—Escoge los amigos e delibera grand tiempo en los elegir, e tenlos en una affection, mas non en un merito. —Tales amigos sigue, que non te faça verguença averlos escogido. — Faz que los amigos a grand gloria reputen la tu vida. —Dos cosas son contrarias en los consejos, yra e arrebatamiento: la yra façe peresçer el día, el arrebatamiento traspassarlo. —La presteça mas graçioso face ser el benefiçio. —Preguntado Bias que cosa fuesse en esta vida buena, dixo tener la conciencia abraçada con lo que fuesse derecho e igualeça. —Preguntado quien fuesse entre los omes mal afortunado, respondio: el que non puede padesçer o sofrir mala fortuna. —Navegando Bias, en compañia de unos malos omes, corriendo fortuna e andando la nave para se perder, aquellos a grandes voces llamavan a los dioses, porque los librassen: a los quales el dixo: Callat, porque los dioses non vos sientan. —Preguntado que cosa fuesse difficil al ome, respondio: Sofrir graçiosamente la mudança en las penas.

VII

Resplandesçio Bias en los tiempos de Ezechias, rey de Juda; e escrivio estas e otras cosas muchas en dos mil versos. A quien después de muerto los ypremenses edifficaron templo e fiçieron estatua.

Libros a la carta

A la carta es un servicio especializado para
empresas,
librerías,
bibliotecas,
editoriales
y centros de enseñanza;
y permite confeccionar libros que, por su formato y concepción, sirven a los propósitos más específicos de estas instituciones.

Las empresas nos encargan ediciones personalizadas para marketing editorial o para regalos institucionales. Y los interesados solicitan, a título personal, ediciones antiguas, o no disponibles en el mercado; y las acompañan con notas y comentarios críticos.

Las ediciones tienen como apoyo un libro de estilo con todo tipo de referencias sobre los criterios de tratamiento tipográfico aplicados a nuestros libros que puede ser consultado en Linkgua-ediciones.com.

Linkgua edita por encargo diferentes versiones de una misma obra con distintos tratamientos ortotipográficos (actualizaciones de carácter divulgativo de un clásico, o versiones estrictamente fieles a la edición original de referencia).

Este servicio de ediciones a la carta le permitirá, si usted se dedica a la enseñanza, tener una forma de hacer pública su interpretación de un texto y, sobre una versión digitalizada «base», usted podrá introducir interpretaciones del texto fuente. Es un tópico que los profesores denuncien en clase los desmanes de una edición, o vayan comentando errores de interpretación de un texto y esta es una solución útil a esa necesidad del mundo académico.

Asimismo publicamos de manera sistemática, en un mismo catálogo, tesis doctorales y actas de congresos académicos, que son distribuidas a través de nuestra Web.

El servicio de «libros a la carta» funciona de dos formas.

1. Tenemos un fondo de libros digitalizados que usted puede personalizar en tiradas de al menos cinco ejemplares. Estas personalizaciones pueden ser de todo tipo: añadir notas de clase para uso de un grupo de estudiantes, introducir logos corporativos para uso con fines de marketing empresarial, etc. etc.

2. Buscamos libros descatalogados de otras editoriales y los reeditamos en tiradas cortas a petición de un cliente.

www.ingramcontent.com/pod-product-compliance
Lightning Source LLC
Chambersburg PA
CBHW020448030426

42337CB00014B/1447